Die Deutsche Bibliothek – CIP-Einheitsaufnahme

Mäuschen zieht ins neue Häuschen: spielerische Vorbereitung für den Umzug ins neue Heim / von Tina Jähnert. Ill. von Friederike Spengler. – Augsburg : Pattloch, 1998
   (Elternratgeber & Bilderbuch)
   ISBN 3-629-00376-1

Gedruckt auf chlorfrei gebleichtem Papier.

Pattloch Verlag, Augsburg
© 1998 Weltbild Verlag GmbH
Layout und Illustration: Friederike Spengler, Gablingen
Satz: Cicero Lasersatz, Dinkelscherben
Druck und Bindung: Appl, Wemding
Printed in Germany

ISBN 3-629-00376-1

Elternratgeber & Bilderbuch

Mäuschen zieht ins neue Häuschen

Spielerische Vorbereitung für den Umzug ins neue Heim

von Tina Jähnert
illustriert von Friederike Spengler

Vorausgeschickt

Wann immer Sie das Wort UMZUG auf einer Party oder in einer größeren Gruppe fallen lassen, erhalten Sie in der Regel zwei Arten von Reaktionen.

Zum einen werden Ihnen die tollsten und abenteuerlichsten Umzugsgeschichten erzählt, gefüllt mit Gefahren, Verlusten, Verletzungen ... und dergleichen. Wenn Sie Glück haben, beginnt ein wahrer Wettstreit an Geschichten, so nach dem Motto „... das ist ja noch gar nichts, hört mal was uns passiert ist ...“ Daneben aber begegnet Ihnen vor allem anteilnehmende Sympathie und Bedauern über Ihren Wegzug. Beide Reaktionen gehören zum Umziehen mit dazu, so wie das Packen und das Laden.

In diesem Buch allerdings möchte ich Ihnen keine weiteren Umzugsabenteuer erzählen, sondern mich ganz auf die Umzugsorganisation und die Verarbeitung konzentrieren. Im ersten Teil finden SIE praktische Ratschläge und Informationen, die Ihnen helfen werden, wesentlich streßfreier durch den Umzug

zu „segeln“. So daß es Ihnen hoffentlich gelingt, oben auf den „Umzugswellen“ zu bleiben und Sie nicht inmitten der Kisten und des Einwickelpapiers untergehen. Der zweite Teil ist für IHR KIND. Mit „Mäuschen zieht ins neue Häuschen“ können Sie ihm den bevorstehenden Wohnungswechsel einfühlsam erklären.

Nach sieben großen Umzügen (davon drei Übersee) plus mehreren monatelangen Zwischenaufenthalten in möblierten Appartements (ohne unsere „Siebensachen“) mit ein, zwei und schließlich drei Kindern, bin ich mit dem Umziehen sehr vertraut geworden. Jeder Umzug brachte neue Erfahrung und neue Erkenntnisse, die ich hier für Sie festgehalten habe. Denn je besser Sie sich auf Ihren Umzug vorbereiten können, um so einfacher wird dieser für Sie und Ihre ganze Familie. Und das – einen einfachen problemlosen Umzug – wünsche ich Ihnen.

Ihre Tina Jähnert

Inhalt

Auftakt: Wir stimmen uns ein

Was geht dem eigentlichen Umzug voraus? Spontan denkt man ans Packen und Organisieren, lange Listen, Ab- und Ummeldungen und stundenlanges Telefonieren. Tatsache ist: Umziehen macht Arbeit – jede Menge Arbeit. Neben dem normalen Tagesablauf muß nun auch noch der Umzug bewältigt werden. Das erfordert Zeit, Mühe und körperliche Kraft. Hinzu kommt oft die emotionale Belastung des Umziehens, sie wird häufig unterschätzt und nicht adressiert. Dabei bringt der Wohnortwechsel für viele Familien die totale Auflösung von allem bisher Vertrauten und Bekannten, und das sich Stellen einer gänzlich veränderten Situation. Jedes einzelne Familienmitglied muß das erst verarbeiten und lernen, wieder seinen Platz in der neuen Umgebung und Nachbarschaft zu finden. Das ist nicht leicht. Die innere Einstellung zum Wohnungswechsel ist jedoch von großer Wichtigkeit und bestimmt mit, wie Sie und Ihre Familie durch die bevorstehenden Umzugswochen kommen. Es ist ratsam, die Umzugsvorbereitungen mit einem Einstimmen auf die Umzugszeit zu beginnen.

Gefühls-Inventur

Ob die Nachricht des Umzugs überraschend für Sie kam oder in einem langen Entscheidungsprozeß gemeinsam gefällt wurde, Ihre Herzenshaltung hat einen sehr großen Einfluß auf Ihre Lieben. Ihrem Kind wird das Umziehen um so leichter fallen, je umzugsfreundlicher Sie selbst gestimmt sind. Für manche ist das kein Problem. Die Aussicht auf eine größere Wohnung, eine interessante Stadt, einen Garten, ... begeistert Sie und voller Freude und Erwartung blicken Sie auf die kommenden Wochen. Anderen jedoch fällt das Umziehen schwerer. Eventuell dominiert da die

Angst vor der ungewissen Zukunft oder die Sorge, wie Ihr Kind oder der allein zurückbleibende Opa den Wegzug verkraften wird, hinzu kommt der Abschiedsschmerz ... Der Umzug einer Familie zieht sich meistens über Wochen, manchmal Monate hin und ist gefüllt mit allerlei Nichtvorhersehbarem. Und Dank der schönen und weniger schönen Überraschungen beginnt für viele eine wahre Berg- und Talfahrt der Gefühle, manche starten oben, andere starten unten. Stillstand gibt es selten. Umziehen heißt Bewegung, Veränderung, Stimmungs-Hochs und -Tiefs und sehr viel Neues.

Für Ihre Familie und Ihr Kind ist es wichtig, daß Sie in den „Tälern" nicht die Perspektive verlieren und sich von negativen Gefühlen überrollen lassen. Kurze „Durchhänger" sind normal und nicht weiter tragisch, aber auf die gesamte Umzugszeit betrachtet, braucht Ihr Kind gerade jetzt eine zuversichtliche Mutter und einen ausgeglichenen Vater. Deshalb machen Sie am besten gleich zu Beginn und immer wieder einmal eine „Gefühls-Inventur" und wenn nötig, arbeiten Sie an Ihrer Einstellung – Ihrem Kind zuliebe. Notieren Sie die Gründe für Ihren Wohnungswechsel, sämtliche Pros und Contras und Ihre „Umzugs-

gefühle". Empfehlenswert ist auch das Anlegen eines Umzugtagebuchs. Durch das Tagebuchführen werden Ihnen Stimmungsschwankungen bewußter und die Gründe dafür klarer. Schreiben Sie daneben auf, was Sie alles schon erledigt haben und worauf Sie stolz sein können. Das regelmäßige Überlesen der Notizen und Konzentrieren auf die positiven Punkte des Umzugs kann Wunder wirken, besonders nach einem langen anstrengenden Tag inmitten von Kisten, Kisten und noch mehr Kisten.

Vorteile des Umziehens
Umzugssituationen und Menschentypen sind sehr verschieden und was der eine als eine abenteuerliche Herausforderung sieht, deprimiert und überfordert einen anderen. Überfliegen Sie die nachfolgenden Umzugsvorteile, vielleicht können

Sie mit manchem übereinstimmen. Die Punkte sollen ein wenig inspirien und Sie zum Erstellen Ihrer ganz persönlichen Liste motivieren.

- Sie können sich neu ein schönes Zuhause einrichten, das macht Spaß. Eventuell mit neuen Vorhängen im einen oder anderen Zimmer, neuen Tapeten, Lampen, ... und wenn es auch nur Kleinigkeiten sind, freuen Sie sich daran.
- Beim Umzug in eine neue Stadt haben Sie die idealen Voraussetzungen sich zu verändern, Ihre Prioritäten neu zu setzen und noch einmal etwas ganz Neues anzufangen. Keiner kennt Sie. Von außen werden relativ wenige Erwartungen an Sie gestellt. Niemand hat eine vorgefertigte Meinung von Ihnen. Sie haben d i e Gelegenheit Ihres Lebens für eine größere Veränderung.
- Selbst wenn Sie Ihren Lebensstil nicht ändern möchten, schätzen Sie vielleicht die zeitliche Freiheit nach einem Ortswechsel. Ohne irgendwelche Verpflichtungen gegenüber Vereinen und Organisationen können Sie ganz neu über Ihre Freizeit verfügen und sich Ihre Zeit neu einteilen.
- Sie lernen neue interessante Leute kennen und beim Umzug ins Ausland faszinierende, fremde Sitten und Kulturen.
- Der Umzug wird Ihre Familie enger zusammenschmieden. Sie brauchen einander mehr denn je. Das Bewältigen von gemeinsamen Erlebnissen verbindet und bringt für immer währende Erinnerungen.
- Umziehen kann für die charakterliche Entwicklung Ihres Kindes sogar förderlich sein. Es lernt wichtige Lektionen fürs Leben, wie zum Beispiel Freundschaften schließen, sich neu in Gruppen einzufügen und das Auseinandersetzen mit einer unbekannten Situation. Der Umzug bietet Ihrem Kind die Möglichkeit diese Herausforderungen an Ihrer Seite und mit Ihrer Unterstützung zu meistern. Kinder mit Umzugserfahrung stehen Neuem häufig etwas unerschrockener und selbstsicherer gegenüber.
- Jeder Umzug ist ein Abenteuer und voller Überraschungen. Und wer läßt sich nicht gerne mal überraschen?

Umzugsplanung

Trommeln Sie „Groß und Klein" zusammen und besprechen Sie den Umzug im Detail. Beteiligen Sie alle an einem „Brainstorming" und sammeln Sie wild durcheinander sämtliche Gedanken, was alles erledigt werden muß. Werten Sie nicht und verwerfen Sie keine Ideen. Notieren Sie die Vorschläge Ihres Kindes auch wenn Sie wissen, daß Sie vieles davon nicht in der Planung berücksichtigen können. Dieser Umzug betrifft Ihre ganze Familie und soweit es möglich ist, daürfen alle mitdenken, mitplanen und später dann mithelfen. Das Helfen macht viel mehr Spaß, wenn man sich als ein wichtiges Mitglied des Familien-Teams fühlt und in die Planung einbezogen wird.

Nach der Familiensitzung nehmen Sie die Informationen und erstellen einen vorausschauenden Umzugsplan, den Sie dann widerum mit allen besprechen. So verschaffen Sie sich und Ihrer Familie den ersten Überblick über alle Arbeiten und Umzugsaktivitäten, die es in den nächsten Wochen zu erledigen gibt. Danach legen Sie den zeitlichen Rahmen fest. Da das Volumen beträchtlich ist,

empfiehlt es sich, sobald wie möglich mit dem Planen zu beginnen. Sie können den Umzugsstreß für sich und Ihre Familie wesentlich reduzieren, wenn Sie die zu erledigenden Arbeiten auf einen möglichst großen Zeitraum verteilen. Setzten Sie als erstes den Umzugstag fest und planen Sie ein, mindestens vier bis sechs Wochen vor dem eigentlichen Umzugstermin mit den Vorbereitungen zu beginnen.

Die Frage Eigenumzug oder Spedition muß ebenfalls so früh wie möglich geklärt werden. Denn je nach dem, gestaltet sich die weitere Umzugsplanung entsprechend unterschiedlich. Grundsätzlich gilt: Bei einem Eigenumzug sparen Sie Geld und bei einem professionellen Umzug sparen Sie viel Zeit und Kraft. Wichtig ist, daß Sie mehrere Angebote von verschiedenen Speditionen einholen und sämtliche Leistungen miteinander vergleichen. Betrachten Sie die nachfolgende Checkliste als kleine Hilfestellung für Ihre eigene Planung. Ganz abhängig von Ihrer individuellen Situation, müssen Sie sicherlich einiges streichen und ergänzen.

Die Umzugs-Checkliste

Erste Vorbereitungen

- Umzugsfirma suchen oder einen Lieferwagen für den Eigenumzug besorgen
- Umzugsurlaub beantragen
- Adressenänderung mitteilen (Verwandte, Bekannte, Zeitungen, Ämter, Vereine, ...)
- Wohnungsübernahme klären und mit Vermieter reden
- Oder Wohnung verkaufen und neue Wohnung kaufen
- Neue Wohnung vermessen
- Entrümpeln
- Renovierungsarbeiten erledigen
- Handwerkertermine vereinbaren
- Großputz
- Neue Möbel, Teppiche, ... bestellen
- Vorhänge/Gardinen ändern
- Tiefkühlkost aufbrauchen
- Einzugsermächtigungen ändern
- Ab- und Ummeldungen (Telefon, GEZ, Zeitung, Stadtwerke, KFZ, ...)
- Post-Nachsendeantrag
- Ärztliche Unterlagen anfordern (Röntgenbilder ...)
- Zeugnisse besorgen
- Geborgtes zurückgeben
- Ausgeliehenes einsammeln
- Auto durchchecken

Der Umzugstag rückt näher

- Umzugskartons, Packpapier und Klebebänder besorgen
- Packen (Eigenumzug)
- Hotelreservationen, Tickets, ... (Fernumzug)
- Freunde um Hilfe bitten (Eigenumzug)
- Wohnungsübergabe abklären (Heizkostenabrechnung ...)
- Abschiedsparty für Ihr Kind
- 2–3 neue Spielsachen für die Überraschungskiste kaufen (siehe Umzugstips)
- Babysitter für den Umzugstag
- Kinder in neuem Kindergarten/Schule anmelden
- Pflanzen (eventuell einige verschenken)
- Haustiere (Haustiersitter für den Umzugstag)
- Lebensmittelvorräte aufbrauchen
- Sind alle Dokumente o.k.? (Pässe, Geburtsurkunde, ...)
- Telefonbuch vom neuen Wohnsitz besorgen
- Ummeldung beim Einwohnermeldeamt (Ausweise mitnehmen)

- Arzt anrufen

- Zeugnisse besorgen

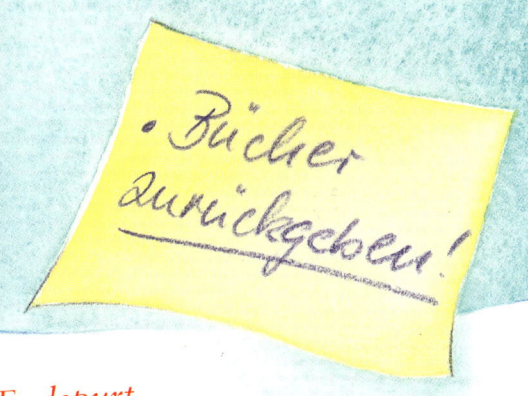

Bücher zurückgeben!

An Arbeit mangelt es wahrlich nicht während der nächsten Wochen und schon allein beim Anblick der langen Checkliste könnten sich die ersten Streßanzeichen bemerkbar machen. Was ist die Lösung? Nachts wachliegen und grübeln? Jammern und stöhnen? Denken Sie immer daran, Sie müssen das nicht alles in drei Tagen erledigen, gehen Sie Schritt für Schritt vor:

Endspurt

- Koffer packen
- Reisevorbereitungen (Spiele für unterwegs ...)
- Die „heiße Kiste" richten (siehe Umzugstips)
- Letzte Putzarbeiten (Ofen, Kühlschrank, ...)
- Halteverbotsschilder für den Umzugswagen
- An Vesper und Getränke für Umzugstag denken
- Trinkgeld bzw. kleines „Dankeschön" für Packer und Helfer
- Auto auftanken und reisefertig machen
- Anfahrtsweg zur neuen Wohnung klar?
- Neuen Hausschlüssel besorgen
- Letztes Packen
- Umzugsgut laden
- Zählerstände überprüfen
- Alte Wohnung saugen und kehren
- Schlüssel abgeben
- Verabschieden

1. Überblick über alle zu erledigenden Arbeiten verschaffen
2. Die Arbeiten auf mehrere Wochen verteilen
3. Den Kalender nicht zu dicht füllen, Puffer für Unvorhergesehenes lassen (z. B. Kinderkrankheiten ...)
4. Jeden Tag etwas erledigen – stetig arbeiten
5. Wöchentlich Zwischenbilanz ziehen. Sind Sie noch im Plan?
6. Wenn nicht, Maßnahmen ergreifen (eine Woche TK-Kost, Babysitter engagieren ...)
7. Dran bleiben!

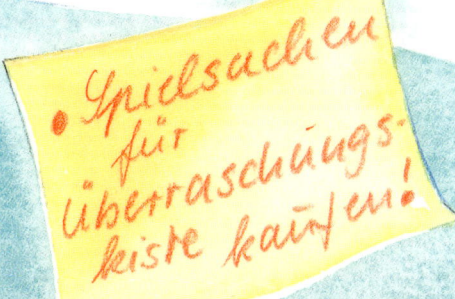

Spielsachen für Überraschungskiste kaufen!

Entrümpeln

Gehen Sie durch alle Ihre „Siebensachen" bevor Sie packen und entrümpeln Sie schonungslos. Öffnen Sie Schrank für Schrank und fragen Sie sich bei allem, was Ihnen in die Hände kommt: Brauche ich das noch? Für was? Und wann? Oder ist es nur ein Platzverschwender? Beschriften Sie drei große Kartons mit Verkaufen, Verschenken und Abfall und gehen damit durch Keller, Speicher und sämtliche Zimmer.

Zeit gewinnen

Umzugsarbeiten verschlingen enorm viel Zeit, deshalb sollten Sie sich überlegen, welche normale Tagesaktivitäten Sie vorübergehend vereinfachen oder gänzlich streichen können, um so Zeit fürs Umziehen zu gewinnen. Zum Beispiel: Kalte Küche, häufiger Essen gehen, Hemden zur Reinigung geben, Babysitter oder Putzfrau engagieren, ... Planen Sie dafür einen Posten in Ihrem finanziellen Budget ein.

Putzen

Erledigen Sie den Großputz mindesten vier Wochen vor dem Umzugstag.

Putzarbeiten wie „das Fett ablösen auf den Küchenschränken" ... halten gewaltig auf. Wenn Sie das Putzen vorneweg erledigen, müssen Sie am Umzugstag nur noch mal „drüberhuschen".

Kraft einteilen

Denken Sie daran, der Umzugstag ist die „Halbzeit" und nicht das Ziel. Fürs Auspacken und Einräumen brauchen Sie mindestens nochmals so viel (meistens mehr) Zeit und Energie.

Packen

Besorgen Sie sich stabile Kartons in unterschiedlichen Größen. Packen Sie jeden Karton voll, damit die Seiten nicht einbrechen. Achten Sie dabei aufs Gewicht, die Kiste sollte 25 bis 30 Kilogramm nicht überschreiten. Verwenden Sie großzügig Papier und notieren Sie gut sichtbar den Kartoninhalt an den Seiten.

Kennzeichnen

Packen Sie nicht alles wahllos durcheinander, sondern vorausschauend mit Blick auf die neue Wohnung. Erstellen Sie einen groben Einrichtungsplan und teilen Sie die Zimmer ein. Geben Sie jedem der Räume im zukünftigen Heim einen Namen und eine Farbe, und packen Sie entsprechend zielorientiert ein, d.h. markieren Sie alle Kartons und Möbelteile (Regalbretter etc.) mit einem roten Punkt, die später ins rot gekennzeichnete Kinderzimmer getragen werden müssen (rotes Blatt an Türrahmen kleben), Bad – blau, Küche – gelb, ... so wissen alle Helfer sofort, wohin sie die Kisten und Möbelteile tragen müssen.

Dieses Kennzeichnen beschleunigt sowohl das Abladen als auch das Auspacken.

Die „heiße" Kiste
In diese auffällig markierte Kiste sollten Sie die Dinge packen, die Sie im neuen Heim gleich zur Hand haben möchten. Führen Sie die „heiße Kiste" mit sich oder achten Sie darauf, daß sie als letztes in den Möbelwagen kommt und somit als erstes wieder ausgeladen wird. Möglicher Inhalt:

– kleiner Werkzeugkasten (Schrauben-
  zieher, Hammer, ...)

– 2–3 Teppichmesser zum Kartons öffnen
– alte Lampenfassungen und Glühbirnen
– Reiseapotheke
– Telefon
– Müllbeutel
– Allzweckreiniger
– große Papierrolle
– Lumpen
– Handtuch, Seife, Toilettenpapier
– Papierteller, Plastikbecher, -besteck
– „Notproviant", Dosen, Kekse, Obst,
  Getränke ...
– Kaffeemaschine bzw. Teekessel
– Dosenöffner, 1 Topf
– Taschenlampen

„Inselzeiten"
Planen Sie „Inselzeiten" (weg von allem) ein. Genießen Sie die Pausen ganz bewußt, Sie haben sie verdient und diese kleinen Unterbrechungen können enorm stärken und erfrischen.

– Entfliehen Sie mit einem Buch und
  einem kleinen Picknickkorb in den
  nächsten Park.
– Gehen Sie ins Dampfbad, Sauna,
  Spazieren, ... tun Sie etwas, das Ihnen
  rundum wohl tut.

Umziehen mit Kindern

Erzählen Sie Ihrem Kind von dem bevorstehenden Wohnungswechsel, sobald Sie sicher davon wissen und idealerweise bevor Sie irgendeine andere Person darüber informieren. So vermeiden Sie, daß Ihr Kind die Nachricht von Dritten erfährt oder zufällig aufschnappt, wenn Sie sich mit Freunden darüber unterhalten.

Mit der nachfolgenden Bilderbuch-geschichte „Mäuschen zieht ins neue Häuschen" können Sie Ihr Kind zuerst einmal ans Thema heranführen und ihm dann die großen Neuigkeit des eigenen Umzug mitteilen.
Erzählen Sie ihm,
– wann
– wohin und
– warum Sie umziehen.

Erwarten Sie Fragen wie,
– ob es seine Freunde weiterhin sehen kann
– ob es noch in denselben Kindergarten/ dieselbe Schule geht
– was aus seinem Zimmer und den Spielsachen wird ...

Lesen Sie die Bilderbuchgeschichte spä-ter noch einmal und sprechen Sie dies-mal etwas detaillierter über die ersten Bilder, das Packen, die verschiedenen Arbeiten, ... und wie es mithelfen kann. Überfordern Sie Ihr Kind nicht mit zu vielen Informationen, bringen Sie das Abschiednehmen, den Umzugstag, das Einräumen zu einem späteren Zeitpunkt wieder auf, oder wenn Ihr Kind Sie diesbezüglich fragt. Nun muß es die große Neuigkeit erst einmal für sich verarbeiten.

Wie lange das dauert, ist von Kind zu Kind verschieden und natürlich auch stark altersabhängig. Manche fragen einem noch am selben Abend „Löcher in den Bauch", andere brauchen länger. Jüngere Kinder tun sich mit dem Um-ziehen in der Regel leichter als ältere. Je größer Ihr Kind ist, um so tiefere Freundschaften hat es bereits schon außerhalb der Familie und um so schwe-rer fällt ihm das Abschiednehmen. Kin-dern, die mit dem Umziehen Schwierig-keiten haben, geht es oft nicht anders als Erwachsenen. Auch Kindern hilft es, sich bewußt mit den Vor- und Nachteilen des Umziehens auseinanderzusetzen, natürlich so, daß sie es verstehen. Danach wissen sie ein wenig, was auf sie zukommt und das gibt Sicherheit. Das Erklären könnte für Kindergartenkinder wie folgt geschehen.

Umziehen ist wie „Zucker und Zitrone"

Da sich Ihr Kind unter den abstrakten Begriffen „Vorteile und Nachteile" noch nichts vorstellen kann, empfiehlt sich eine kleine anschauliche Demonstration. Das kann Ihr Kind begreifen und haftet besser als nur ein Gespräch.

Besorgen Sie 2–3 Zitronen und etwas Zucker (oder Honig) und wenn die Zeit fürs ausführlichere Umzugsgespräch

gekommen ist, stellen Sie beides auf den Tisch. Den Zucker im Schälchen, eine halbe Zitrone in Scheiben und ein Glas mit purem Zitronensaft. Zeigen Sie Ihrem Kind die Zitrone und probieren sie dann beide den Zitronensaft. Erklären Sie Ihrem Kind, daß Zitrone sauer ist. Verziehen Sie kräfig das Gesicht und fragen Sie es, ob es mehr haben möchte ... Danach kommt das Zuckernaschen dran, mit dem feuchten Finger, wieder zusammen – so macht es noch mehr Spaß. Bemerken Sie wie süß der Zucker ist. Lassen Sie Ihr Kind ruhig ein paar Mal probieren und fragen Sie dann was ihm besser schmeckt. Wenn alles gut geht, sagt es „Zucker"! Bei Kindern weiß man jedoch nie und falls Ihr Leckermaul „Zitrone" sagt, müssen Sie die Demonstration eventuell nochmals mit irgendeiner anderen Süß/Sauerbeziehungsweise „Gut/Nicht-Gut"-Kombination wiederholen.

Hat Ihr Kind jedoch „normal" reagiert, dann können Sie ihm erklären, daß der bevorstehende Umzug eine „süße Seite" und eine „saure Seite" hat und daß es sehr hilft, mehr an die süße Zuckerseite zu denken und nicht so sehr an die „sauren Sachen". Erwähnen Sie einige weniger schöne Aspekte und gehen Sie anschließend ausgiebig auf die Vorteile des Umzugs ein.

Die ZUCKER-Seite des Umziehens
- Umziehen ist ein Abenteuer mit vielen Überraschungen. Fragen Sie: „Magst Du Überraschungen? Beim Umziehen gibt es ganz viel Neues zu entdecken."
- Eine neue Nachbarschaft mit neuen Spielplätzen, neuen Gärten, Wiesen, Spielzeugläden und vieles mehr.
- Vielleicht ist der neue Kindergarten oder die neue Schule sogar schöner als der alte.
- Eventuell gibt es ein größeres oder eigenes Zimmer.
- Oder sie wohnen näher bei der Oma, Freunden, ...
- Möglicherweise bekommt es ein neues Möbelstück fürs Kinderzimmer.

Die ZITRONEN-Seite des Umziehens
- Mama und Papa müssen in den nächsten Wochen allerlei Arbeiten fürs Umziehen erledigen und davon werden sie sicher manchmal ganz kaputt und müde sein.
- Sie werden auch weniger Zeit fürs Spielen und Spaziergänge haben.
- In der Wohnung wird ein großes Durcheinander herrschen.
- Alles im Kinderzimmer wird eingepackt und für einige Zeit sind viele der Spielsachen in Kisten verstaut und weg.
- Das Abschiedsagen fällt schwer.

Überlegen Sie sich die spezifischen Vor- und Nachteile für Ihr Kind, bevor Sie mit ihm über den Umzug reden. Dann können Sie, falls die „Zuckerseite" zu dürftig aussieht, die „Zitrone" künstlich süßen und ihm zum Beispiel
- ein heißgewünschtes Spielzeug in der neuen Wohnung in Aussicht stellen
- oder den Wunsch nach einem eigenen Tier (Meerschweinchen ...) erfüllen.

Es gibt allerlei Möglichkeiten den Umzug zu versüßen. Wichtig ist natürlich, daß Sie die Versprechen halten.

Sachen, die Kindern das Umziehen leichter machen

Mithelfen lassen
Beteiligen Sie Ihr Kind am Umzug. Nehmen Sie es mit zu den verschiedenen

Ämtern oder lassen sie es manchmal „Ihre große Hilfe sein" und Ihnen beim Packen helfen (unzerbrechliche Dinge wie Bettwäsche, Kleidung, Stofftiere, Plastikgeschirr, ...).

Umzugskalender basteln

Vom Prinzip her wie ein Adventskalender angelegt, kann ein Umzugskalender das Tagezählen bis zum Umzugstag erleichtern und versüßen.

Themenbezogene Bilderbücher/ -geschichten lesen

„Mäuschen zieht ins neue Häuschen"

Umzugsalbum anlegen

Machen sie zusammen Umzug-Fotoalben, eines für sich und eines für jedes Kind.
Fotografieren Sie vertraute Plätze, Freunde und Gesichter, an die man normalerweise nicht denkt und die Ihnen doch ans Herz gewachsen sind. Der alte Spielplatz, die Marktfrau, die dem Kind immer einen Apfel schenkt ... Bestellen Sie die Bildabzüge doppelt und geben Sie danach Ihrem Kind bei der Gestaltung des eigenen Umzug-Fotoalbums freie Hand. Klarsichtfolien, in die man die Fotos einfach einschieben kann, eignen sich großartig für kleine Kinderhände und halten sehr lange.

Umzugtagebuch und Adressbuch

Ermuntern Sie ältere Kinder zum Schreiben eines Umzugtagebuchs. Daneben können Sie Ihrem Kind auch ein leeres Büchlein schenken, in das es die Adressen von alten Freunden notieren kann.

Informationen übers neue Zuhause

Bei Nahumzügen können Sie Ihr Kind zu einer Wohnungsbesichtigung mitnehmen. Falls es in die Ferne geht, zeigen Sie ihm Fotos von der Wohnung und Umgebung. Weiteres Informationsmaterial über die neue Stadt erhalten Sie vom Verkehrsbüro, der Stadtverwaltung, einem Reisebüro oder aus Büchern.

Abschiedsparty

Geben Sie für Ihr Kind eine Abschiedsparty und die Möglichkeit, allen seinen Freunden Lebewohl zu sagen. Halten Sie die Party wirklich einfach, Pizza bestellen und Saft servieren. Möglicherweise das Ganze in den Park, ein Vereinsheim oder Schnellrestaurant verlegen.

Zuhören und Reden

Nehmen Sie sich jeden Tag ganz bewußt Zeit, um mit Ihrem Kind zu reden. Erklären Sie ihm, was für den nächsten Tag geplant ist und fragen Sie, wie's ihm geht. Vergessen Sie nicht das Kuscheln

und Lesen (eventuell vor der Zubett-
gehenszeit) und miteinander Lachen.
Eine liebevolle tägliche Routine gibt
Ihrem Kind eine gewiße Sicherheit und
Geborgenheit und ist ein „Muß" beson-
ders in der bewegten Umzugszeit.

Überraschungskiste

Packen Sie einen Karton mit allerlei
Überraschungen für die ersten Tage in
der neuen Wohnung, besonders wenn
Sie in eine fremde Stadt ohne Verwandte
und Bekannte (Babysitter) gezogen sind.
Besorgen Sie Dinge, mit denen sich Ihr
Kind für längere Zeit allein beschäftigen
kann, wenn es Ihnen nicht mehr „helfen"
möchte und Sie noch mit Möbel aufbau-
en und Auspacken beschäftigt sind, z.B.
neue Spiele, Bilderbücher, Bastelbögen,
Malbücher und Farben, Hörspiel-
kassetten oder kindgerechte Videos.

Erinnerungsbasteleien

Basteln Sie zusammen kleine Geschenke,
die Ihr Kind beim Abschiednehmen an
Freunde verschenken kann. Beispiels-
weise eine Fotocollage, ein Erinnerungs-
armband oder ein T-Shirt mit Handab-
drücken Ihres Kindes.

Umzugsspiele

Kinder mögen Rollenspiele. Mit ein paar
Kartons, einer alten Reisetasche oder
einem Koffer können Sie Ihr Kind anre-
gen, das Umziehen mit Stofftieren und
Puppen spielend zu verarbeiten.
– Das Bauen und Bemalen von „eigenen" Häusern aus großen Umzugskartons macht allen Kindern Spaß.
– Kleinen Mädchen gefällt besonders
  während der Umzugszeit das Einrichten eines Puppenhauses.
– Wettspiele mit Koffer und Kisten. Wer
  kann am schnellsten packen oder sich
  erinnern, was in welcher Kiste ist?
  Wer baut den höchsten Schachtelturm
  oder die längste Kartonschlange?

Postkarten gestalten

Verschönern sie gemeinsam die
„Umzugspostkarten", die Sie mit Ihrer
neuen Anschrift an Verwandte und
Freunde versenden.

Laune checken

Achten Sie auf Ihre Einstellung, sie färbt
ab.

Der Umzugstag

heiße Kiste!

Ein volles Programm ist für den letzten Tag im alten Haus angesagt: Packen, Möbel zerlegen Lasten schleppen und Kartons tragen, Treppenlaufen und den Umzugswagen beladen. Ob Sie nun einen Eigenumzug machen oder Ihnen eine Spedition dabei hilft, beginnen Sie möglichst ausgeruht und vorbereitet.

- Am besten wecken Sie Ihr Kind am Umzugstag etwas früher als sonst. Bevor der Trubel beginnt, schenken Sie ihm ganz bewußt noch ein paar ruhige Minuten für ein stärkendes Frühstück, Anziehen ohne Zeitdruck und das Abschiednehmen von der alten Wohnung.
- Überfliegen Sie nochmals Ihre Checkliste und stellen Sie fest, ob Sie wirklich alles erledigt haben.
- Bringen Sie Ihre persönlichen Sachen, den neuen Hausschlüssel, Dokumente, ... an einen sicheren Platz (z. B. Nierentasche) oder sie werden möglicherweise von jemand „ruck zuck" unauffindbar eingepackt. Auch die „heiße Kiste" und die „Überraschungskiste" für Ihr Kind/Ihre Kinder bis zum Schluß sicher verwahren.

- Parkplatz für den Umzugswagen freihalten.
- Klebebänder, Tesafilm, dicke Filzstifte und Kartons vorrätig haben.
- Kleben Sie eine kleine durchsichtige Plastiktüte (z. B. Gefrierbeutel) an jeden Schrank der zerlegt wird und beschriften Sie die Tüte mit: „Für Schrauben des XYschranks".
- Helfern oder Packern Instruktionen geben.
- Übergabeprotokoll machen.
- Zählerstände notieren.
- Wohnung fegen und Treppenhaus putzen.
- Sicherstellen, daß der Fahrer des Möbelwagens den Anfahrtsweg zur neuen Wohnung kennt.

Umzugstag – Mit oder ohne Kinder?

Kinder bis zu zwei Jahren werden am besten bei Oma und Opa oder Freunden untergebracht. Das ist am sichersten für die Kleinen. Denken Sie daran, daß am Umzugstag alles abgebaut und rausge-

leben dürfen. Erklären Sie Ihrem Kind zuvor, was kommen wird und vereinbaren Sie die Regeln für diesen ganz besonderen Tag. Je älter und vernünftiger Ihr Kind ist, um so flexibler und lockerer können Sie die Grenzen stecken.

Zum Beispiel könnte vereinbart werden,
– daß Ihr Kind die erste Stunde dabeisein darf und dann bei befreundeten Nachbarn ist
– oder die Oma/der Babysitter mit ihm zusammen beim Ausziehen für eine gute Weile zuschauen. Ihr Kind weiß aber, daß es zwischendurch mal auf den Spielplatz geht oder einen Mittagschlaf macht ...

tragen wird. Es herrscht ein Kommen und Gehen. Die Türen stehen ständig offen und je nach Jahreszeit kühlt die Wohnung stark ab oder es kann ein ziemlicher Durchzug entstehen. Deshalb empfiehlt es sich, die Kleinsten am Umzugstag zu einer vertrauten Person in eine warme und weniger hektische Umgebung zu bringen. Das erleichtert auch Ihnen die Arbeit, Sie haben die Hände frei und können sich gänzlich auf Ihre Helfer, das Packen und Laden konzentrieren.

Für Kindergartenkinder ist der Umzugstag ein spannendes Erlebnis und für das Verstehen und die Verarbeitung des Umzugs ist cs nicht schlecht, wenn sie den Auszug wenigstens teilweise miter-

Schulkinder sind am Umzugstag gerne mit dabei. In der Regel sind sie so vernünftig und selbständig, daß man dies auch problemlos zulassen kann. Das Problem mit den „Großen" liegt eher darin, daß ihnen das Ausziehen irgendwann zu lange wird und sie plötzlich in der Nachbarschaft verschwinden. Inzwischen haben Sie alles geladen und könnten losfahren, doch müssen Sie nun erst noch Ihr Kind suchen und finden. Deshalb vereinbaren Sie im voraus, daß Ihr Kind Ihnen unbedingt mitteilt, wohin es am Umzugstag geht.

Im neuen Haus

Der Einzug

Bei innerörtlichen Umzügen gelingt das Einziehen ins neue Haus oftmals noch am Umzugstag. Bei Fernumzügen können zwischen dem Auszug und Einzug je nach Entfernung Tage oder Wochen (Übersee) liegen.

– Seien Sie vor oder spätestens mit dem Umzugswagen da.
– Checken Sie die neue Wohnung komplett durch und probieren Sie aus, ob alles funktioniert.
– Hängen Sie einen Möbelstellplan in jedes Zimmer.
– Beschriften Sie die Türrahmen mit Ihrem Markierungssystem (Zimmerbezeichnung und Farbsystem).
– Lassen Sie sich die Möbel und Kisten gleich in die richtigen Zimmer bringen, dann müssen die schweren Kisten nicht nochmals hin und her tragen. Das spart Ihnen später eine Menge Zeit und Kraft.
– Installieren Sie die ersten Lampen, solange es noch hell ist.
– Falls Sie in der neuen Wohnung übernachten, brauchen Sie Betten. Überziehen Sie die Matratzen und packen Sie das Bettzeug aus.
– Richten Sie das Badezimmer und die Küche notdürftig ein. Das Wichtigste befindet sich in der „heißen Kiste".
– Bauen Sie am nächsten Tag gleich das Kinderzimmer auf. Dann hat Ihr Kind einen Platz zum „Einrichten" und Spielen („Überraschungskiste"!) und Sie können sich voll auf das Auspacken und Einräumen konzentrieren.
– Gestalten Sie eine Ecke des Kinderzimmers genau wie in der alten Wohnung. Ihr Kind fühlt sich dann schneller wohl. Hat es sich erst mal eingewöhnt, kann man auch diese Ecke wieder umgestalten.
– Machen Sie die neue Wohnung so rasch wie möglich kindersicher. Im Umzugsdurcheinander neigt man dazu, diesen Punkt zu vergessen und im Handumdrehen ist das Unglück passiert, besonders wenn die Eltern anderweitig beschäftigt sind. Deshalb Steckdosen abdecken, Medikamente verstecken und Umzugskisten nicht treppenartig in die Höhe stapeln.

Die erste Zeit im neuen Heim

Die erste Hälfte des Umzugs ist geschafft, jetzt geht es in die zweite Runde. Da stehen Sie nun inmitten von Kisten und Kartons. Inhalt: Ihr gesamter Hausrat in Einzelteile zerlegt. Das Ganze über die neue Wohnung verstreut, fast wie ein gigantisches Puzzle. Ihre Aufgabe ist es nun, alle 199 000 Teilchen wieder passend und harmonisch zusammenzufügen. Den Auszug haben Sie Schritt für Schritt in Angriff genommen und genauso schrittweise wird Ihnen der Einzug und das Einrichten gelingen.

- Feiern Sie die Ankunft im neuen Heim mit einer kleinen Familienparty. Das Picknick auf dem Wohnzimmerboden, zwischen Umzugskartons, mit Popcorn und bei Kerzenlicht finden Kinder toll und daran können sie sich lange erinnern.

- Damit Sie in den ersten Tagen wirklich etwas wegschaffen können, müssen Sie sich zuallererst um Ihr Kind kümmern. Haben beide Eltern frei, könnte einer mit dem Kind Erledigungen und Ämtergänge machen, während der andere sich durch das Umzugsgut gräbt. Falls Sie beide auspacken wollen und an einen neuen Ort gezogen sind, sollten Sie sich von den Nachbarn einen guten Babysitter empfehlen lassen, der Ihr Kind im Kinderzimmer der neuen Wohnung betreuen kann. Wenn Sie ein Kindergarten- oder Schulkind haben, empfiehlt es sich nach Möglichkeit, den Umzug ans Ende der Ferien zu legen, damit Ihr Kind sehr schnell wieder eine Routine hat und beschäftigt ist.

- Körperliche Arbeit macht hungrig und eine funktionsfähige Küche gehört mit zu den wichtigsten Sachen, deshalb ist es ratsam mit dem Einrichten in der Küche zu beginnen. Bevor Sie jedoch alles in die Küchenschränke räumen, nehmen Sie sich zuerst etwas Zeit zum Überlegen. Wo werden Sie wohl die meisten Mahlzeiten zubereiten? Und wo die Küchenmaschine hinstellen? Was brauchen Sie häufig und sollte leicht zugänglich sein? Könnte man die Gläser gleich neben dem Kühlschrank unterbringen? ... Gruppieren Sie Gewürze, Schüsseln ... und was Sie zum Kochen und Backen brauchen so nahe wie möglich an den jeweiligen Zubereitungsstellen, Sie sparen sich damit viele Extraschritte in der Küche. Falls Sie jedoch auf „Stretching" und Gymnastik aus sind, machen Sie es genau umgekehrt.

- Systematisches Einräumen erleichtert Ihnen später die Hausarbeit. Wenn es sich als praktisch erweist, gruppieren Sie Ähnliches zusammen. Sammeln Sie Ihr Werkzeug, die Weihnachtsdekoration, das Fotozubehör, Zeitschriften ... an einem ganz bestimmten Platz. Legen Sie für alles, das lose rumliegt und „Junge" kriegt eine Schachtel an und suchen Sie später die Wohnung nach „Verwandten" ab. Freunden Sie sich mit Schachteln und Körben an, diese kleinen praktischen Helfer, mit denen man Artgleiches so wunderbar aufräumen kann. Oder bringen Sie manche Dinge an dem Platz unter, wo Sie sie später benützen werden, z. B. die Bettwäsche für das Kinderbett könnte ins Kinderzimmer kommen und nicht nur in den Wäscheschrank. Lösen Sie sich von Traditionen. Was in der alten Wohnung funktionierte, ist nicht unbedingt wieder das Beste. Überlegen Sie, wie Ihr neues Zuhause am sinnvollsten eingerichtet werden kann.

- Versuchen Sie auch während dieser arbeitsintensiven Phase durch das Vereinfachen der Haushaltsroutine Zeit für das Einräumen zu gewinnen. Nehmen Sie sich auch regelmäßige Abstände für Ihr Kind, so daß es spürt, es ist in dem ganzen Chaos nicht vergessen. Seien Sie realistisch, der Tag hat nur 24 Stunden. Bitten Sie um Hilfe oder engagieren Sie gelegentlich einen Teenager; jungen Leute bessern gern ihr Taschengeld etwas auf.

- Irgendetwas geht meistens kaputt. Ärgern Sie sich nicht unnötig lange darüber, dadurch können Sie die beschädigten Sachen auch nicht wieder ganz machen.

- Fliegen Sie beim Auspacken nicht wie eine Biene von Kiste zu Kiste. Hier einwenig ausräumen und dann dort drüben etwas entdecken, ... diese Arbeitstechnik verzögert das Erfolgserlebnis, das sich einstellt, wenn man sieht, wieviel man bereits erledigt hat. Konzentrieren Sie sich möglichst auf ein Zimmer, räumen Sie es komplett ein und nehmen dann das nächste Zimmer in Angriff.

- Bereiten Sie Ihrem Kind eine besondere Freude und lassen Sie es beim Einräumen des neuen Kinderzimmers ein wenig mitentscheiden. Falls Ihr Kind noch sehr jung ist oder Sie an seinem Geschmack zweifeln, geben Sie ihm die Wahl zwischen zwei Möglichkeiten, die Ihnen gut gefallen.

Eingliederung von Kindern

- Ihr Kind braucht Sie mehr den je! Planen Sie täglich Zeit fürs Reden, Lesen und Kuscheln ein. Achten Sie auf auffällige Verhaltensveränderungen (zunehmende Aggressivität oder Lustlosigkeit, Schlaf- und Eßstörungen ...) und falls Sie welche entdecken, sprechen Sie Ihr Kind vorsichtig darauf an. Reden Sie zuerst ein wenig über Ihre eigenen Gefühle und fragen Sie dann, wie es sich fühlt. Spielen Sie seine Gefühle nicht herunter, nehmen Sie Ihr Kind ernst. Es trauert seinen alten Freunden und der gewohnten Umgebung nach. Ein Telefongespräch mit den früheren Freunden kann manchmal den starken Abschiedsschmerz mildern.

- Ermuntern sie Ihr Kind zum Briefe schreiben und halten sie den Kontakt zu alten Freunden. Besorgen Sie ihm das erste eigene Briefpapier oder schmücken sie miteinander ein Blatt Papier. Danach darf Ihr Kind Ihnen den Text diktieren.

- Eine weitere Möglichkeit kreativ im Kontakt zu bleiben, die vielen Kindern gefällt, ist die Aufnahme einer Audio- oder Videokassette. So kann Ihr Kind „live" vom Umzug und dem neuen Heim erzählen.

- Erkundschaften sie die neue Umgebung, zu Fuß oder mit dem Fahrrad.

- Nehmen Sie sich vor, jede Woche etwas Neues miteinander zu entdecken. Besuchen Sie die neue Bücherei, den neuen Park, den Zoo, das Museum und nicht zu vergessen, den neuen Spielzeugladen.

- Helfen Sie Ihrem Kind beim Integrieren und Freundschaften schließen. Melden Sie es im Sportverein oder zu anderen Gruppenaktivitäten an, dort trifft es andere Kinder (und Sie Mütter und Väter), die es einladen kann.

- Falls sich Ihre Nachbarn nicht bei Ihnen melden, machen Sie einfach den ersten Schritt. Klingeln Sie an den Nachbarstüren und stellen Sie sich und Ihre Familie vor. Halten Sie ein kleines „Schwätzchen" und erkundigen Sie sich dann unbedingt nach den Kindern, deren Alter und ob es in der Nachbarschaft irgendeinen Treffplatz für Kinder gibt.

- Lassen Sie Ihr Kind Ihre neue Adresse und Telefonnummer auswendig lernen.

Nachgeschickt

Endlich – die letzte Kiste ist geleert, der letzte Krimskram einsortiert und sogar die Bilder hängen. Es ist geschafft, Sie haben das Umzugsleben zwischen Kartons und Einwickelpapier hinter sich gebracht. Gratulation!

Für viele, die innerörtlich umgezogen sind, ist der Umzug somit vorbei. Sie leben zwar in einer neuen Nachbarschaft, doch die Stadt ist Ihnen vertraut, Sie kennen sich einigermaßen aus und können sich relativ problemlos mit Ihren alten Freunden treffen. Sie haben Ihr „normales" Leben wieder zurück.

Für all diejenigen, die sich in einer neuen Stadt oder gar in einem fremden Land einleben müssen, schlägt das Umziehen meistens noch ein paar „Nachwellen". Besonders für Frauen, die sich liebevoll daheim um ihre Kleinsten kümmern und dadurch nicht automatisch unter die Leute kommen. Für sie beginnt nach der turbulenten Umzugszeit oft eine Phase der Einsamkeit und Traurigkeit. Falls Sie davon betroffen sind, lesen Sie noch ein-

mal das Kapitel „Gefühls-Inventur" und dann die nachfolgenden Tips.

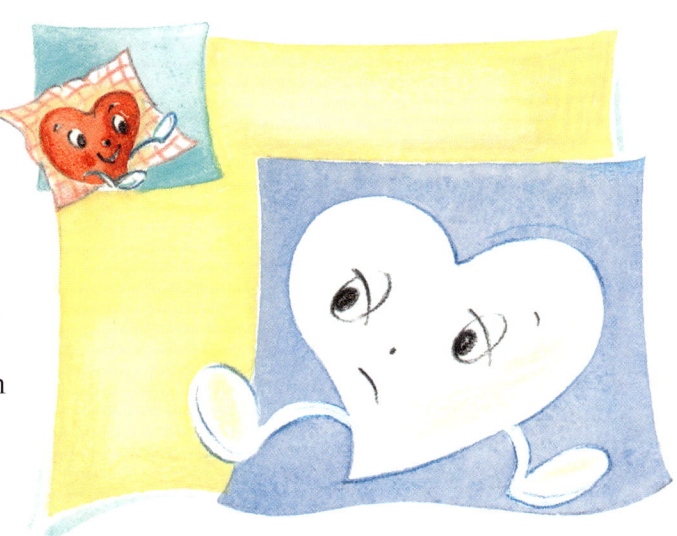

Ist das Herz mit umgezogen?

Oder haben Sie es am alten Wohnort vergessen?
Es spricht nichts dagegen schöne Erinnerungen im Herzen zu behalten. Solange Sie jedoch mit Ihren Gedanken in Ihrer alten Welt verweilen, können Sie am neuen Wohnort nicht wirklich Wurzeln schlagen, man lebt fern und distanziert. Ihnen selbst und Ihrer

Familie zuliebe müssen Sie sich bewußt entscheiden, hier und jetzt neu zu beginnen und vom alten Zuhause gänzlich Abschied nehmen.

- Lassen Sie die Vergangenheit los und richten Sie Ihren Blick nach vorne.
- Akzeptieren Sie, was man nicht ändern kann und nehmen Sie die neue Lebenssituation an.
- Suchen Sie aktiv nach Positivem.
- Vergleichen Sie nicht! Ihre neuen Bekannten möchten nicht ständig hören, warum Sie das Leben am alten Ort besser finden.
- Nicht tatenlos warten bis Sie eingeladen werden, laden Sie einfach selber ein und verscheuchen Sie so die Einsamkeit.
- Ergreifen Sie die Initiative und machen Sie irgendwo mit (Kirchengemeinde, Sporttreff, ...), nicht nur einmal – mehrmals! Falls es nicht das Richtige war, probieren Sie was anderes aus. Irgendwo und irgendwann finden Sie auch am neuen Wohnort Freunde. Es ist nur eine Frage der Zeit und dann fühlen Sie sich auch wieder mit Stadt und Leuten vertraut und zuhause.
- Regelmäßig Beten und Bibel lesen („Mein" Psalm 121 ...) hat mir persönlich durch all die Jahre viel Kraft, Weisheit und Klarheit gegeben und besonders während der Umzugszeit kann ich es nur empfehlen.

Ein schönes neues Zuhause wünsche ich Ihnen!

Ihre Tina Jähnert

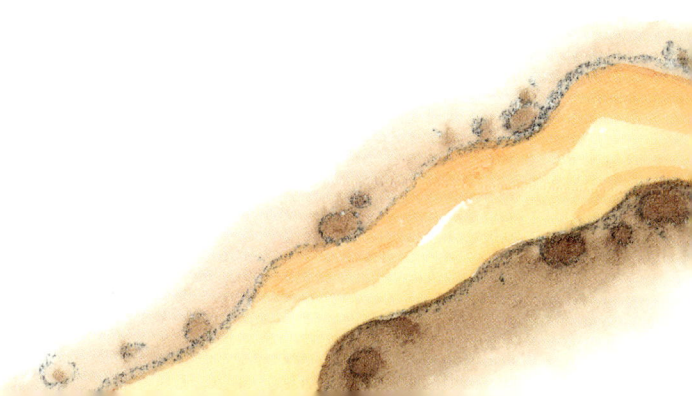

Mäuschen zieht ins neue Häuschen

Im Park, versteckt im dichten Gebüsch,
gleich hinter der braunen Bank, liegt das Mäuseland.
Und dort wohnt in einem unterirdischen Häuschen
mit Papa Maus und Mama Maus ein süßes kleines Mäuschen.

Soweit Mäuschen sich erinnern kann,
lebten sie hier schon immer.
Das Häuschen hatte einen Tunnel zum Versteckenspielen,
eine Küche, drei Kammern und ein richtig schönes Kinderzimmer.

Doch nun drückte sich seit einigen Wochen
eine Wurzel in das kleine Haus.

Diese abzuknabbern war nicht gelungen,
Mama Maus hatte böse Bauchschmerzen
von der bitteren Wurzel bekommen.

Voller Sorge betrachteten sie das immer länger werdende Wurzelband.
„Es hilft alles nichts", seufzt Papa Maus eines Abends,
„gegen diese starke Wurzel kommen wir nicht an.
Mäuschen, ich glaube wir ziehen am besten in ein neues Häuschen."

Mama Maus nickt, doch Mäuschen fragt erschrocken:
„Ein neues Häuschen? Aber wo? Und wann?"
„Papa hat schon ein Schönes gefunden", erklärt Mama Maus dann.
„Es befindet sich auf der hintersten Wiese des Parks
und sobald wir alles eingepackt haben, ziehen wir hin."

Ein großes Durcheinander herrscht während der nächsten Tage im Haus.
Mama packt alle Teller und Töpfe,
Kleider und Wäsche,
Bilder und Bücher in allerlei Kisten und Körbe.

Und Papa trägt die schweren Möbel zum Wagen raus.

Ganz verloren sitzt Mäuschen dazwischen,
bis Mama Maus mit einer leeren Schachtel zu ihm kommt.
„Möchtest du deine Sachen selber einpacken?"
„Au ja!" meint Mäuschen. Es springt von der Kiste und macht sich eifrigst dran.

So fleißig ist es nun beim Packen, daß es gar nicht bemerkt, wer in sein Zimmer tritt. „Hm…hm", hört es da plötzlich. Mäuschen blickt auf, um zu sehn, wer da spricht.

„Bummelmaus!

Meine liebste Bummelmaus!"

Sie drücken und umarmen sich und halten sich ganz, ganz lange fest.
„Ich werde dich vermissen",
sagt Bummelmaus.
„Ich dich auch!" Dem Mäuschen rollt
eine Träne über das Gesicht.

Abends liegt Mäuschen lange wach in seinem leergeräumten Zimmer.
Es ist so fremd und hallt und irgendwie ist es schon nimmer sein Zuhause.

„Es geht los!" ruft Papa Maus früh am nächsten Morgen.
„Der Wagen ist beladen."
Papa zieht und Mama schiebt,
und Mäuschen darf das Vesper tragen.

So rollen sie mit all ihren Sachen
den ganzen Tag durch den weiten Park.

Erst am Abend erreichen sie
mit einem arg erschöpften Mäuschen
ihr nagelneues Häuschen.

Papa Maus und Mama Maus packen nun tagelang
Kisten und Körbe aus.

Die Möbel rücken sie immer wieder von einem ins andere Zimmer
und wieder zurück ... und Mäuschen hilft mit.

Nachdem alles wunderschön eingerichtet ist,
schmückt Mäuschen das Häuschen
mit einem großen Wiesenstrauß und buntgemalten Bildern.

40

Voll Hoffnung und Erwartung geht
Mäuschen in den Kindergarten.

Doch in den ersten Tagen traut es sich kaum etwas zu sagen,
ganz schüchtern sieht es den Mäusekindern beim Spielen zu.

Aber in der zweiten Woche schon wird Mäuschen eingeladen
zum Spielen in das Haus der wildgelockten Strubbelmaus.

Nach einem schönen Spielenachmittag
bringen Strubbelmaus und Strubbelmama das Mäuschen heim.
„Wir haben ganz toll gespielt", flüstert es Mama Maus ins Ohr
und dann stellen sich die Mamas einander vor.

Die beiden Mamas reden und reden … und reden.
In der Zwischenzeit probieren Mäuschen und Strubbelmaus
Versteckenspielen im Häuschen aus.

Wo hat Mäuschen sich versteckt? Kannst DU es finden?

Als Strubbelmaus und Strubbelmama später gehen,
steht ein glückliches Mäuschen vor dem neuen Häuschen
und winkt ganz lange „Tschüüs – Auf Wiedersehen!"

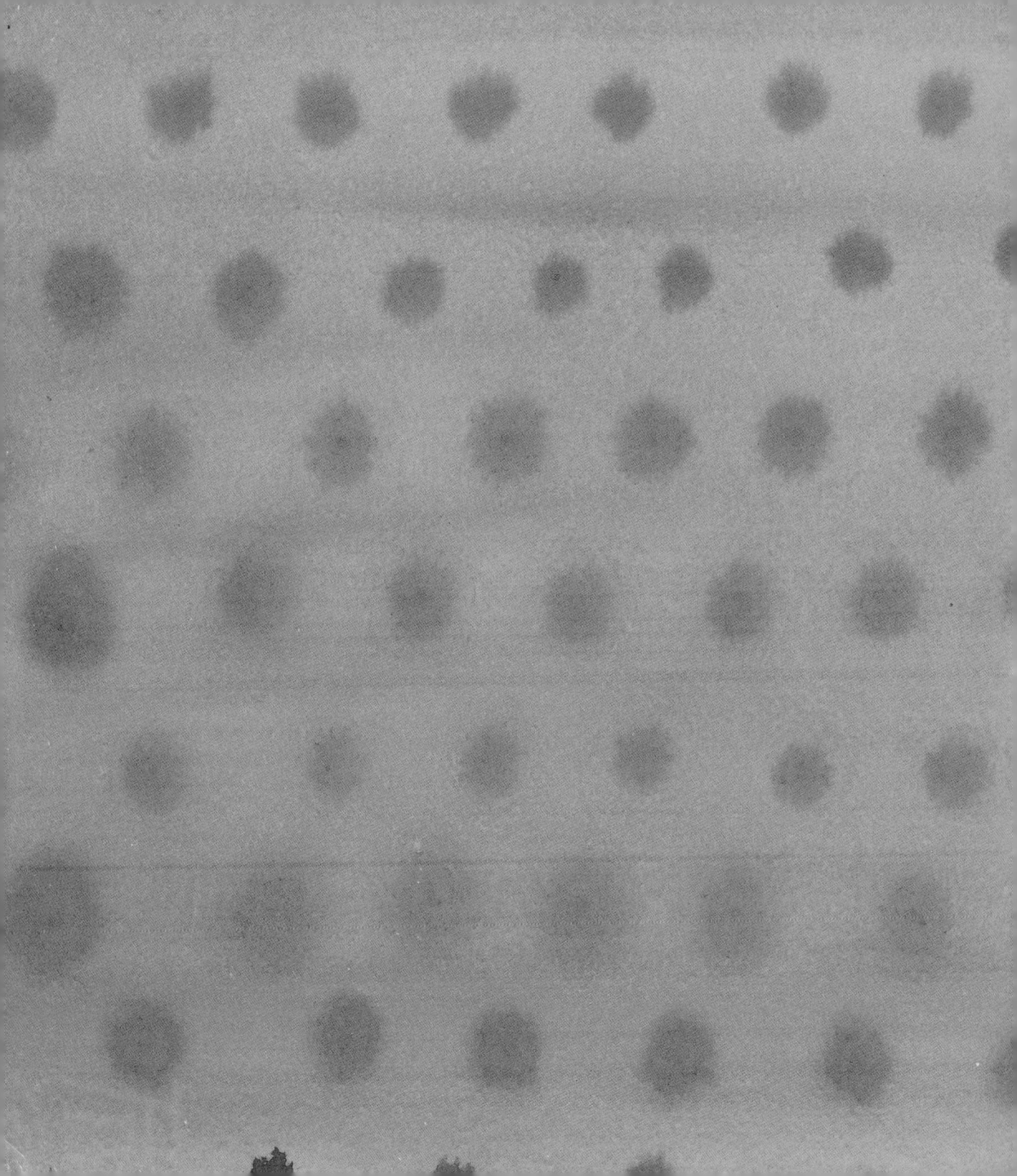